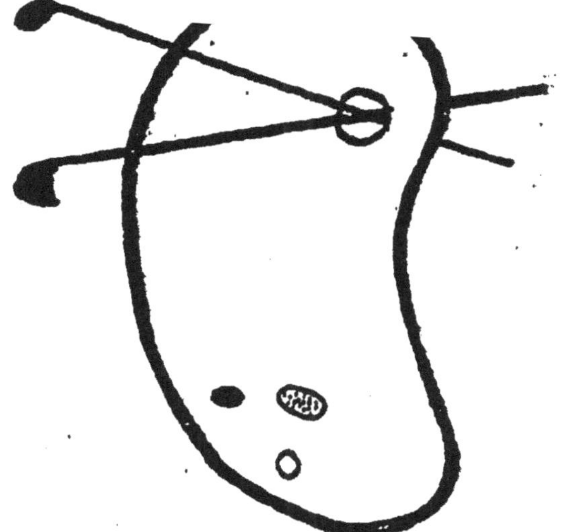

DEBUT D'UNE SERIE DE DOCUMENTS EN COULEUR

Couverture inférieure manquante

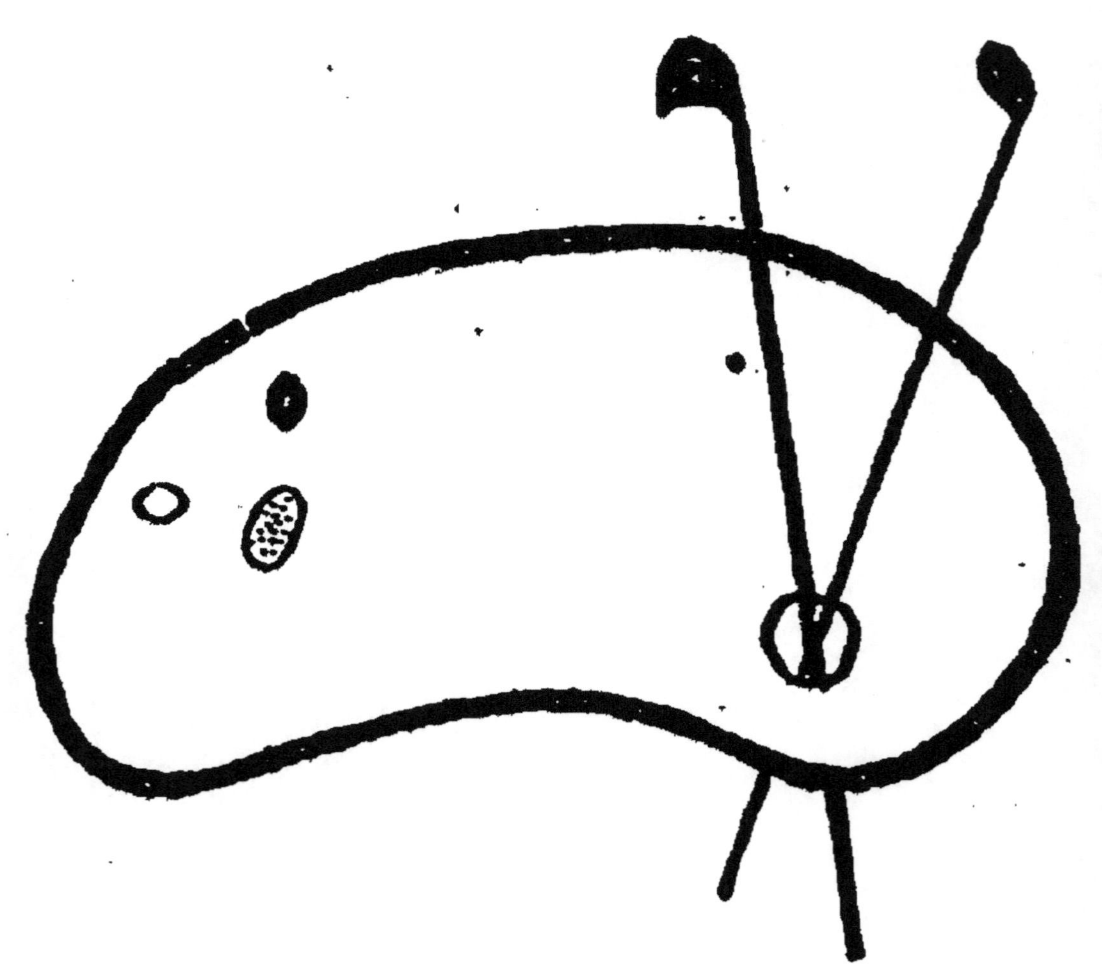

FIN D'UNE SERIE DE DOCUMENTS
EN COULEUR

LE BIENHEUREUX
CHARLES DE BLOIS

Mgr TOUCHET

ÉVÊQUE D'ORLÉANS

LE BIENHEUREUX
CHARLES DE BLOIS

DISCOURS

PRONONCÉ DANS LA CATHÉDRALE DE BLOIS

LE 19 OCTOBRE 1905

PARIS

P. LETHIELLEUX, LIBRAIRE-ÉDITEUR

22, RUE CASSETTE, 22

LE BIENHEUREUX

CHARLES DE BLOIS

DISCOURS

PRONONCÉ DANS LA CATHÉDRALE DE BLOIS LE 19 OCTOBRE 1905 [1]

Le samedi 21 octobre, celui qui a l'honneur de vous adresser la parole en ce moment, évoquait, — peut-être serait-il plus exact de dire : ressuscitait — pour son humble part, dans l'hospitalière et charmante ville de Vannes, la mémoire du plus grand soldat du xvᵉ siècle; de l'un même des plus grands soldats de tous les siècles; de l'ami fidèle, du continuateur heureux de Jeanne d'Arc, Arthur de Richemont.

Or Richemont était né de ce Jean V de Montfort, qui défit Charles de Blois à Auray, et pleura sur sa dépouille.

1, Étaient présents Mᵍʳ Laborde, Évêque de Blois, et Nosseigneurs les Évêques de Quimper, d'Angers, de Nantes.

Fût-ce association d'idées; fût-ce curiosité historique; fût-ce piété de pèlerin, le panégyriste du connétable résolut d'aller visiter le champ de bataille ou s'étaient rencontrés Montfortistes et Blaisiens, le 29 septembre 1364.

L'après-midi donc étant déjà avancée, il quitta Vannes, par un de ces soleils d'octobre, très pâles, plus que demi-voilés, comme s'ils avaient peur de l'hiver approchant. Il alla traversant pendant deux heures une plaine vide d'habitations, vêtue d'une herbe maigre, coupée de rares cultures. Il laissa derrière lui, pour y revenir plus tard, Sainte-Anne d'Auray où règne en maîtresse adulée et chérie, la Mère de la Sainte Vierge. Enfin, on lui montra au loin une futaie toute blonde sous sa chevelure de feuilles jaunies; et on lui dit, « Nous approchons ».

Quelques minutes plus tard, effectivement, il mettait pied à terre. C'était bien là.

Examinant le terrain, il vit qu'il se trouvait à la pointe extrême d'un marais de forme à peu près triangulaire, fort allongé. Au centre circule lente une petite rivière, le Loch. Sur les rives de celle-ci pas un arbre, pas un saule, pas un buisson. Des joncs courts et rudes, rien que des joncs à perte de vue. L'Océan voisin qui, à marée haute, déborde dans cette crique et la remplit, n'y souffre pas d'autre végétation.

Sur la droite, formant remblai, une avenue plantée de pins inégaux, qui tendent les uns vers le ciel,

les autres vers la terre, suivant que la rafale les
y a contraints, leurs bras tordus.

Au bout de l'avenue un champ entouré de grilles
avec, quelque part, une colonne sur laquelle on lit
la brève inscription : *hic ceciderunt*, ici ils tombèrent. Ce champ est celui des martyrs. Le 15 juillet 1795, 750 émigrés y furent massacrés au mépris
de la foi jurée, sur un ordre de la Convention.

Rien de plus mélancolique ne se peut voir ni
rêver que ce coin de terre.

Je me retournai et m'engageai dans un étroit
sentier qui court sous la chênaie vue déjà et
signalée de loin.

J'arrivai à la chapelle funéraire, dépositaire des
tristes débris de ceux que la colonne appelle « des
martyrs ». Un vieux prêtre m'accueillit sur le seuil,
et presque bas, comme s'il eut craint de troubler
le silence profond de toutes choses et la paix des
endormis : « Vous venez, me dit-il, visiter le lieu
de la bataille d'Auray. Nous y sommes. C'est sur
la rive du Loch où nous nous trouvons que se
rencontrèrent les deux ennemis. Il y eut sept
corps d'armée engagés, trois du côté de Charles
de Blois, quatre du côté de Montfort. Ils se bat-
tirent sur le terrain qui est aujourd'hui appelé
Champs-des-Martyrs, sur le coteau qui le domine,
sur les terres qui avoisinent. Quant au point précis
où tomba Charles de Blois, venez. Une église de
Chartreux y fut bâtie, et la tradition, appuyée d'un
document écrit (il m'en donna lecture), porte que

le maître-autel fut dressé sur la motte de terre qui but le sang du héros. »

Je me laissai conduire par mon guide. Il m'ouvrit une église remaniée certainement depuis le xive siècle. Deux statues, l'une de saint Bruno, l'autre de saint Hugues, signalent cependant toujours son origine carthusienne. Tant de recueillement, de prière, de gravité, dirait-on, ont imprégné ces murailles que la plus légère agitation y devient insupportable à l'esprit et presque aux sens.

Je m'agenouillai. J'essayai de reconstituer la scène de terrible carnage qui s'était passée là. Je m'efforçai de revoir, et Charles frappant de son épée comme le forgeron bat l'enclume, et les soldats anglais acharnés à sa perte, et parmi eux, à part, ce Jean de Lesnerac, qui, la veille, avec Chandos et Calverly, avait juré sur l'hostie, partagée entre eux, de tuer le Duc.

Puis me relevant je me posai une question : Par quel dessein Dieu a-t-il, subitement, à l'improviste, ranimé parmi nous le culte de cet homme ?

J'y réfléchis. Je résolus d'y réfléchir encore. C'est le résultat de ces réflexions que je me permets de vous soumettre. Je résoudrai donc autant que je pourrai, et saurai la résoudre, cette question que je répète, afin que vous l'entendiez bien : pourquoi a-t-il plu à Dieu que le culte du bienheureux Charles de Blois refleurit de nos jours ?

Au surplus, pour nous du moins prédicateurs,

ce qui vaut c'est de découvrir les pensées de Dieu dans les œuvres qu'il produit et les événements qu'il mène.

La première solution qui se présente au « pourquoi Dieu a-t-il fait refleurir de nos jours le culte de Charles de Blois », est une solution de fait dépouillée de toute considération philosophique ou théologique. La voici :

De son vivant, Charles de Blois avait été regardé comme un thaumaturge et un saint. Un aveugle qui s'était touché les yeux avec son gantelet avait recouvré la vue ; la mer avait retardé son reflux afin de lui donner le temps de finir une prière.

Mort, il ne perdit point sa renommée. Après le tombeau de saint Yves à Tréguier, il n'y en eut guère de plus visité que celui de Charles à Guingamp ; et Dieu y comblait de grâces les pèlerins dévots.

Ce qu'ayant appris le pape Urbain V, il ordonna à Louis Thézard, évêque de Bayeux, à l'abbé de Marmoutier en Touraine et à celui de Saint-Aubin en Anjou, d'enquêter sur les vertus et les miracles du bon serviteur de Dieu. Grégoire XI, successeur d'Urbain V, renouvela cette commission. Les deux papes furent obéis ; et cependant aucune conclusion ne fut donnée à un procès commencé d'après leurs ordres.

Mais, cinq cents ans plus tard, la Providence

qui veille sur tout, même sur les vieux parchemins, envoya au diocèse de Blois un évêque breton[1]. Pieux et instruit autant que doux et aimable, il connaissait les gloires de sa province natale. Il lui plaisait d'ailleurs de donner à son cher peuple de Blois un protecteur de plus. Il résolut donc de reprendre la procédure du XIVᵉ siècle et de la faire aboutir. Il chargea un prêtre érudit, M. le chanoine Porché, d'établir que le culte de Charles de Blois n'avait jamais été interrompu depuis sa mort, et d'en demander la ratification à la Sacrée Congrégation des Rites, conformément aux règles posées par Urbain VIII.

La Sacrée Congrégation ne fit point difficulté de reconnaître la valeur des documents qui lui étaient soumis ; et, le 29 novembre 1904, le pape Pie X, par un décret souverain, plaçait sur les autels le bienheureux Charles de Blois.

Ainsi : Un procès de béatification interrompu, on ne sait trop pourquoi ; repris, on sait bien pourquoi ; un évêque qui connaissait l'histoire religieuse de son pays et certaines ressources de Droit canonique ; un chanoine qui ne les ignorait pas ; une Congrégation des Rites équitable ; un Pape bienveillant : voilà ce qui explique la fête de ce jour ; ces chants, cette allégresse, cette foule, votre présence auguste, Messeigneurs.

Assurément. La cause prochaine, immédiate,

---

1. Mgr Laborde, Évêque de Blois.

matérielle, du culte que nous rendons à Charles de Blois, ce sont bien les interventions que je viens de rappeler. Mais la cause éloignée, la cause volontaire, la cause rationnelle ?... Le pourquoi qui n'est plus de l'homme aidé de Dieu ; le pourquoi qui est de Dieu tout seul?

Car enfin, d'autres évêques de Blois que le vôtre, mes frères, avaient pensé à cette cause ; et d'autres évêques de Tréguier que Msr Fallières y avaient pensé de même, ne fût-ce que ce rude Le Borgne de Kermorvan[1]. Cependant aucun n'avait réussi à la faire aboutir. Pourquoi de leur temps les « moments de Dieu » n'étaient-ils pas venus ? Pourquoi sont-ils venus du nôtre ?

Pourquoi ?...

Oh ! je ne l'ignore pas : dès qu'il s'agit de la recherche des « pourquoi de Dieu », il faut se montrer fort discret. « Dieu est au ciel, toi tu es sur la terre ; entre vous deux il y a loin ; quand tu parleras de Dieu et de ses vouloirs, sois discret », disait le vieux sage juif.

Entendu. Cependant, en d'autres passages de la Bible, Dieu nous exhorte à méditer sur ses conseils. On peut même estimer que ses conseils sur la béatification et la canonisation des saints sont de ceux qu'il nous est le moins loisible de traiter avec indifférence.

---

1. Le Borgne de Kermorvan ordonna et présida la translation des reliques de Charles de Blois.

Et en effet quelle chose donc est plus précieuse que la doctrine chrétienne et son enseignement? Quelle recommandation Jésus-Christ nous fit-il plus fréquemment que celle de n'y point fermer nos oreilles? « Allez, enseignez. Qui vous écoute m'écoute. Allez! la vérité vous délivrera. Allez! soyez mes témoins dans la Judée, la Samarie, jusqu'aux extrémités de la terre. Allez! Allez! J'ai vaincu le monde ».

Oui, mais, n'y a-t-il pas ou caché ou visible au fond de toute canonisation et de toute béatification un fait d'enseignement? C'est incontestable. Pourquoi, dans le premier âge de l'Église, presque tous les saints inscrits au Canon sont-ils des martyrs? Parce qu'il faut graver dans la cervelle païenne, épaisse et dure, cette maxime que Notre-Seigneur Jésus-Christ est si grand, si Dieu, que tout doit lui être sacrifié, tout! même la vie. Pourquoi, au second âge de l'Église, presque tous les saints sont-ils des docteurs? Parce qu'il faut apprendre aux chrétiens fraîchement convertis que leur religion a pour base une doctrine, et que cette doctrine doit être gardée, au prix de toutes les études, de toutes les vigilances, de toutes les fatigues, de toutes les douleurs. Pourquoi les saints du troisième âge sont-ils presque tous des missionnaires? Parce qu'il faut inculquer cette idée que Notre-Seigneur Jésus-Christ doit régner sur toute âme, âme de civilisé, âme de barbare, âme d'ami, âme d'ennemi. A lui! lui! malgré tous les obstacles! A lui! à lui! malgré les apparents échecs! A lui! à lui! malgré toutes les forces coalisées de la politique et des mensonges! A lui l'Univers!

Sentez-vous, Messieurs, avec moi, que les canonisations et les béatifications des saints se transposent en enseignement? Sentez-vous qu'elles sont une manifestation du grand Verbe de Dieu, sanctificateur et docteur? Bien plus, sentez-vous que ce Verbe s'accommode au milieu dans lequel il retentit? Sentez-vous qu'il perçoit les opportunités, les actualités passagères et s'en inspire? Sentez-vous que les formes de la sainteté, proposées au culte des fidèles, varient suivant les besoins de ceux-ci? Ne pourrait-on poser cette règle: la béatification et la canonisation des saints, avec le cortège de miracles qui les justifient, sont prédestinés par Dieu pour le temps et le lieu, où elles seront utiles au bien de l'Église?

Donc, actuellement la Béatification de Charles de Blois est utile à l'Église de France? Sans doute: c'est la conséquence. Et vous comprenez en quoi consiste cette utilité?... Je crois le comprendre. Et vous pourriez l'indiquer?... Je crois pouvoir l'indiquer.

Traçons afin d'éclairer notre chemin l'esquisse de Charles de Blois.

Sa foi était vive; une foi du moyen âge d'ailleurs. Il aimait ouïr plusieurs messes, chaque matin, et chanter les heures canoniales. Il visitait longuement le saint Sacrement; il fréquentait les moines qui avaient l'esprit de leur état.

Il accueillait volontiers les humbles et les petits; il leur parlait affectueusement, les conseillait avec sagesse, les défendait avec fermeté. Il distribuait aux pauvres de larges aumônes; il les servait fréquemment à table. De lui, non moins que de saint Louis, le chroniqueur aurait pu dire qu'il bailla plus d'une fois à manger de ses doigts aux aveugles et aux paralytiques.

Son amour du prochain avait sa racine dans l'amour de Dieu. De Dieu il s'entretenait aussi fréquemment qu'il pouvait. Il révérait son nom. Mêlé à une chevalerie croyante mais turbulente et habituée à tous les excès du blasphème, jamais on ne trouva sur ses lèvres une parole que la conscience la plus scrupuleuse pût reprendre. S'approchait-il de la sainte communion? Sa gravité recueillie devenait imposante. Plus d'une fois, on le vit arroser de ses larmes la Croix de Jésus-Christ.

Sa pénitence était extrême. Il jeûnait plusieurs fois par semaine en dehors même des carêmes et des avents prescrits par l'Église. Il battait son corps de rudes disciplines. Il portait habituellement un cilice.

Son innocence de vie, au milieu d'un siècle très dissolu, alors que ce sang barbare possède encore toute son acre verdeur, fut remarquée. Et, si le mot de Froissart sur le Jean de Blois qui se fit tuer à Auray pour ne pas survivre à Charles, doit être pris au pied de la lettre, frère d'Augustin en un moment d'erreur, le Duc l'eût été surtout en de longues années d'expiation.

Sa fermeté d'âme dans l'adversité fut inébranlable. Général vaincu, prisonnier durement traité, il ne laissa jamais échapper une plainte. Bossuet parlant de Henriette de France dit cette belle parole : « Elle remerciait Dieu non de ce qu'il l'avait faite reine, mais de ce qu'il l'avait faite reine malheureuse. » Charles ne remerciait-il pas Dieu lui aussi, de ce qu'il l'avait fait duc malheureux?

D'ailleurs, il en faut convenir, cette foi, cette charité, cette mortification, cette innocence conservée ou réparée, cette constance, sont l'apanage de tous les saints.

Mais, voici ce qui est bien propre à Charles : ces vertus, il les pratiqua parmi les camps, leur tumulte, leurs dépravations, leur sauvage férocité. Il a passé plus de la moitié de son existence en batailles, en captivités, en sièges, en assauts, en incursions de guerre. Et il est demeuré un chrétien héroïque, intègre, loyal, pur.

Afin de bien comprendre tout ce qu'il y a d'inclus en cette pensée, rappelez-vous donc ce qu'était la guerre alors.

Elle était menée par des professionnels. On était soldat par choix, comme on était marchand, comme on était charpentier, orfèvre. Ces professionnels se vendaient communément au plus offrant. Le plus offrant était celui qui payait le mieux, ou en argent ou en pillages.

Bourgeois, prêtres, moines, campagnards, religieuses avaient tout à redouter du routier, qu'il fût ami, qu'il fût ennemi. Violent, pillard, incendiaire, assassin, par nécessité, par plaisir, par habitude, il ne rougissait plus de sa scélératesse. Il s'en honorait presque. Son existence pleine de hasards, de bons coups donnés et de bons coups reçus, de vastes noces et d'abstinences forcées, d'embuscades plaisantes, d'exploits tragiques, d'extorsions, de rapts, de démoniaques fureurs, lui paraissait enviable; enviable jusqu'à devoir tenter Dieu. « Si Dieu redescendait sur terre disait Lahire, qui n'était pas pire qu'un autre, je sais bien ce qu'il ferait; Il se ferait pillard. »

La lutte entre Montfort et Blois compta, du côté des hommes, quatre chefs principaux, en dehors de Charles. Édouard d'Angleterre, Montfort, Chandos, Duguesclin. Voyez comment tous les quatre entendent la lutte.

Édouard d'Angleterre, arrière-petit-fils par sa mère de ce Philippe le Bel qui brûla les templiers pour avoir leur or; petit-fils de Charles le Bel qui brûla les lépreux pour avoir leur or; fils de cette Isabeau qui assassina son mari pour avoir son or et sa couronne, est le digne rejeton d'une impitoyable race. Avare forcené, il veut la guerre et il lui faut la guerre afin de pressurer librement la Bretagne. Il loue à des bandits décorés du nom de capitaines un château ici, un château là; sur la Rance, la Vilaine, les monts de Menez, la Loire, l'Océan, avec le droit de rançonner toutes les terres avoisinantes. Il a affermé le pillage.

Montfort fut, lui aussi, un hardi prenant. Son premier souci à la mort de son oncle est de courir à Limoges, et de gré et de force, d'y saisir le trésor que le feu duc y avait amassé.

Chandos, un froid, un tacticien, un Anglais gourmé avant la lettre, ne se bat pas pour la gloire plus que les autres. Il court la Bretagne, la Guyenne, l'Espagne pour amasser; et il meurt gorgé de biens.

Et Duguesclin... Dieu m'est témoin que je ne voudrais pas décrier sa haute mémoire. S'il n'échappa point à tous les défauts de notre race, il en eut toutes les qualités. S'il rançonna quelque peu le Pape d'Avignon, il ne perdit jamais cependant sa foi bretonne. Pour avoir fréquenté et mené les traîneurs de sabre et les traîneurs de route, il n'en garda pas moins des façons et des paroles de Paladin. Rien de lui qui nous déplaise. Lui, c'est nous : et nous, en ce que nous avons de bien et de bon.

Et cependant Duguesclin, comme Édouard, comme Chandos, comme Monfort, quelque avec infiniment plus de charme et de grâce chevaleresque, se bat pour « conquester », conquester de l'argent, conquester des domaines, conquester son épée de connétable. Il est un beau soldat, mais un soldat de métier. Les idées ne l'inquiètent guère. Les principes ne le tourmentent pas.

Tout autre est Charles de Blois. Il n'a ni la décision effrontée de Montfort, ni les roueries d'Édouard, ni l'expérience de Chandos, ni le coup d'œil de Duguesclin; il manque un peu de flamme, un peu d'esprit politique, un peu de génie militaire, mais parce qu'il est un saint soldat, il pénètre la guerre de je ne sais quelle moralité supérieure qui la grandit, et le grandit lui-même jusqu'à l'élever aux yeux de ceux qui pensent, bien au-dessus de ses émules. Il a conçu, et il a voulu, et il a fait la guerre comme un chrétien peut la concevoir, la vouloir et la faire.

Et voilà, me semble-t-il, pourquoi Dieu, auquel il plaisait en sa suprême sagesse de nous donner une leçon quant aux choses de la guerre, nous a réservé, à nous, fils d'un présent trouble, la résurrection de cette noble figure.

Écoutez-moi bien et comprenez-moi de même, car ici je vais toucher une plaie vive; et je voudrais le faire avec un infini respect; si j'osais dire, avec une infinie tendresse.

Est-il vrai que la question de la guerre et de la paix, du militarisme et du pacifisme, comme on s'exprime en une langue nouvelle, est une de celles qui nous passionnent et nous divisent le plus. Est-il vrai que dans ce pays qui a promené jadis son épée, sa vaillance, ses succès, sa gloire du pôle nord au pôle sud, il en est qui disent, qui écrivent : « tout, mais plus de gloire, plus de succès, plus de vaillance, plus d'épée. S'il faut opter entre se battre pour demeurer Français, ou ne pas se battre et ne pas demeurer Français, le choix est fait ; qu'on ne se batte pas. S'il faut se courber asservi sous la schlague d'un Kaiser ou se dresser armé autour du drapeau, le choix est fait toujours ; qu'on se courbe asservi. La France n'est qu'une dénomination géographique. L'humanité seule est une réalité. Périsse la France et vive l'humanité ! »

Est-ce que ces discours ne se tiennent pas ? Est-ce qu'ils ne s'impriment pas ?

Vous savez que ces discours se tiennent et s'impriment.

De quel sentiment procèdent-ils ? De la couardise ?

Pour être absolument loyal, je n'ai pas de raison déterminante de juger ainsi.

Il peut se faire, c'est même le plus probable, qu'ils procèdent de l'horreur qu'inspire et — notez-le — que doit inspirer la guerre.

La guerre est horrible ! Messieurs. Et j'ose affirmer que nos Saintes Écritures et nos Docteurs le proclament plus énergiquement que qui que ce soit et quoique ce soit.

Vous souvient-il, par exemple, du tableau que nous en a laissé Jérémie ?

« Sédécias, dit-il, avait vingt et un ans quand il commença de régner. Fils d'un méchant père, il ne dégénéra point. Il accomplit le mal devant le Seigneur comme avait fait Joakim. »

« Jéhovah fit donc signe à Nabuchodonosor, qui mit le siège devant Jérusalem. Ah! Jérusalem se défendit bien. Pendant trente-trois mois elle tint bon. Mais enfin la famine en eut le bout. Les nôtres n'ayant plus rien à manger tentèrent une sortie de nuit ; le roi et ses fils en tête. Hélas ! ce que l'on prévoyait advint. Les Chaldéens étaient le nombre. Le roi et ses fils tombèrent entre leurs mains. Ils furent égorgés à Rabatha. Puis Nabuchodonosor nous pilla, maisons, palais, temple. Il laissa derrière lui quelques vignerons, des vieillards ; et chassa pêle-mêle toute notre jeunesse vers les bords de l'Euphrate »... Et à ce souvenir le vieux prophète s'interrompait pour pleurer. «Jéhovah ! Jéhovah ! sanglotait-il, n'auras-tu aucune pitié? Ne te souviendras-tu jamais de nos malheurs? L'héritage de Juda est à des étrangers. Nous buvons notre eau, nous mangeons notre pain à prix d'argent. On nous a menés comme du bétail et quand nous étions lassés on nous faisait marcher encore. Jéhovah ! nous pleurons. Vois comme nous pleurons ! »

Telle est bien la guerre : massacre et désolation. Jérémie l'avait vue de près. Nous aussi peut-être ; en tout cas, nous venons de la revoir, de loin. Elle ne change pas.

Dieu m'est témoin ! Je le jure sur mon sacerdoce et mon cœur d'homme, je voudrais vous dire que ces tueries sont interdites, toujours ; qu'elles sont défendues aux chrétiens, toujours : je voudrais vous dire que jamais, jamais, il n'est permis de déchaîner le monstre. J'aimerais me ranger à l'avis de Tertullien dans son traité sur la Couronne, quand il s'écrie : « soldats de Jésus-Christ, vous deviendriez soldats de César ! Vous devez vous abstenir d'un sentiment de haine, et vous verseriez du sang ! » Les Pacifistes se connaissent-ils cet ancêtre ?

Je voudrais de toutes mes forces que Tertullien eût raison. Je ne peux cependant trahir la vérité, quels que soient mon désir, mon attrait et mes horreurs.

Car la vérité la voici : il faut écarter la guerre jusqu'à la suprême limite du possible. Négociations, tribunaux d'arbitrages, concessions compatibles avec l'honneur, tout doit être tenté avant qu'un peuple s'expose au fléau.

Mais cette affirmation prémise, toute guerre ne saurait être déclarée illicite. Ce n'est pas pour rien que les chefs d'État portent le glaive, ainsi que s'exprime saint Paul. Ils le portent pour garder l'ordre au dedans et défendre la frontière au dehors. Le glaive entre leurs mains symbolise leur droit de paix et de guerre.

Il est juste d'ajouter que la guerre disciplinée par le christianisme est subordonnée à cinq principes moraux destinés à l'adoucir, autant qu'on sait l'adoucir.

Premier principe : elle ne peut être entreprise que pour une cause juste;

Deuxième principe : elle ne peut être déclarée qu'après l'échec involontaire et constaté de tous les moyens propres à l'éviter;

Troisième principe : elle doit être soutenue avec le respect absolu de tous ceux qui n'y sont pas mêlés;

Quatrième principe : les conventions et traités librement consentis, au cours des hostilités ou avant leur conclusion, lient le plus la conscience des contractants;

Cinquième principe : elle doit se faire avec la bravoure qu'inspirent le mépris de la vie et le mépris de la mort.

Or, Charles de Blois est, je le répète, un des types élevés du soldat guerroyant sous la gouverne de tous les principes chrétiens.

Il ne fit la guerre que pour soutenir ce qu'il estimait son droit.

A sa mort, le duc Jean III ne laissa pas d'enfants, mais un frère, Jean de Montfort, et une nièce

Jeanne de Penthièvre. Il semble bien qu'il ne dût pas se soulever de difficulté quant à l'héritage de la couronne ducale. Le frère étant plus rapproché du défunt que sa nièce, devait hériter. Le cas était moins simple que cela. Jeanne de Penthièvre était la fille d'un frère aîné de Jean de Montfort. Elle prétendait le représenter. La question juridique était donc celle-ci : Hérite-t-on du duché de Bretagne par représentation? Jeanne de Penthièvre disait oui. Jean de Montfort disait non. Les évêques et la noblesse de Bretagne se partagèrent. Le tribunal des Pairs et le Parlement de Paris se prononcèrent pour Jeanne de Penthièvre. Ces arrêts, véritables sentences arbitrales, ne convainquirent pas Montfort. Il fallut avoir recours à *l'ultima ratio regum*, à ce qui est la dernière raison des souverains.

Charles de Blois, tuteur et gardien des droits de sa femme, tira l'épée et ne la remit jamais au fourreau.

Mais de quelle pitié n'était-il pas saisi quand il voyait les souffrances de son peuple! Le sort des prêtres, des laboureurs, des vierges consacrées; celui des femmes et des enfants; nous dirions aujourd'hui, le sort des neutres le préoccupait. Ce n'est pas lui qui les eût maltraités ou pressurés. «Je vous requiers d'une chose par-dessus tout, écrivait-il à Bertrand Duguesclin, épargnez le pauvre monde qui ne se bat pas. » Quand donc en serons-nous là, nous? Quand donc comprendra-t-on qu'il faudrait neutraliser tout ce qui ne porte pas les armes? On neutralise le blessé qui ne se bat plus; pourquoi ne pas neutraliser la femme, l'enfant, le vieillard, le laboureur, le négociant, le savant qui ne se battent pas? On neutralise le matériel d'ambulance. C'est bien. Pourquoi ne pas neutraliser les matériels de culture? Vous rappelez-vous le mot de cet officier allemand à un journaliste français, lors de l'alerte d'il y a deux ou trois mois? « Si nous avons la guerre avec la France. nous détruisons tout, les cultures, les vignobles, les mines, les voies ferrées ; tout. Nous ne laisserons derrière nous que des ruines. Elles seront amoncelées pour cent ans. »

Bon Dieu! que je voudrais donc bien connaître le nom de ce malfaiteur en pensée, pour le clouer a quelque infâme pilori! Ce n'est plus de la guerre cela, c'est de la sauvagerie. Blois l'avait compris au xiv° siècle. « Respectez les pauvres gens qui ne se battent pas! »

Il n'est personne qui ne se fiât à sa parole aveuglément. Avait-il signé trêve ou traité? Cette trêve, ce traité, étaient à la garde de son honneur et de sa conscience. Ce que son honneur et sa conscience gardaient, était bien gardé. Édouard d'Angleterre, le soupçonneux Édouard, le laissait retourner, sur parole, pour y recueillir sa rançon, dans la Bretagne en fièvre, en feu. Il était sûr que l'austère chevalier ne mettrait la main ni à une flèche, ni à une dague. Charles avait juré. C'était assez.

Or précisément parce qu'il était scrupuleux et délicat, il ne manquait point de porter, en lui-même, l'âme d'un héros. Tout alors, Messeigneurs, est brave dans votre Bretagne. C'est le Duché héroïque. Les femmes valent les hommes et les hommes sont des géants.

Les trois Jeanne : Jeanne de Penthièvre, Jeanne de Montfort, Jeanne de Belleville, quand leurs maris sont prisonniers, ou tués, prennent le commandement. On les voit, lever des troupes, préparer des embuscades, forcer les villes et les forteresses, établir des guerillas. Jeanne de Montfort, « un cœur de Lion dans une poitrine de femme », dit Froissart, me donne l'impression d'avoir été l'un des « grands hommes » de guerre du temps. Il est vrai que sa fibre cérébrale fut trop faible pour porter le dur labeur de sa tragique existence. La folie, l'atroce folie la guettait et la saisit à Londres. Jeanne de Belleville, veuve de Clisson décapité par Philippe de Valois, non satisfaite de la guerre sur terre la poussa avec furie sur mer. Elle s'institua amirale. Ah! elle nous fit payer cher le meurtre de son mari.

Les chevaliers qui combattent aux côtés de ses guerrières sont presque fabuleux. Froissart arrivé au point de conter leurs exploits se recueille, dirait-on, et comme s'il allait commencer un chant épique : « Or entrerons, dit-il, en la grant matière et histoire de Bretagne qui grandement renlumine ce livre pour les beaux faits d'armes et grandes aventures qui y sont advenues. » Je ne sais en effet si jamais pareilles lances furent rompues.

Cela s'ouvre par un raid de cavalerie dans lequel Montfort occupe Nantes, Rennes, Vannes, Auray, Hennebont, Saint-Brieuc, Lamballe, Dinan, Brest, Jugon, Ploermel. Les chevaux de cet homme ont des ailes.

Mais voici Charles de Blois qui s'avance à son tour et reprend tout ce que son rival a ravi.

Sur ces entrefaites Philippe de France s'empare traîtreusement de Montfort. La femme du prisonnier entre en scène. Charles de Blois et elle joutent rudement. Charles a plus de troupes, mais il est plus lent. La femme a des audaces et des souplesses admirables. Elle eût fini par succomber cependant sans l'arrivée d'un prince Français exilé par la haine de Philippe de Valois à la Cour d'Angleterre. Celui-ci rétablit les affaires de Montfort.

A partir de ce moment, ce ne sont plus que sièges épiques en dix lieux à la fois de la Bretagne. A Vannes, à Quimper, à Lymeau, à Hennebont, à La Roche-Periou, à Sucinio. C'est la bataille de Roche-Derrien : c'est le combat des Trente. C'est Beaumanoir, buvant son sang pour étancher sa soif. C'est Bembro battu avec Crockart. C'est Pontblanc détruisant à lui seul dans Lannion un parti d'Anglais. C'est Duguesclin « vêtu d'une Jacque noire comme une crémaillère », disant à Lancastre, qui atteste que cent mille hommes périront dans cette guerre : « Tant mieux pour ceux qui resteront : leur part d'héritage sera plus grosse. » C'est la noblesse bretonne décimée, broyée, presque anéantie, mais ne se plaignant jamais ; c'est l'héroïsme répandu par toutes les landes comme à l'automne se répandent les semences de genêts d'or.

Eh bien l'âme de cette lutte, c'est de son côté, dans son parti, Charles de Blois. Partout où il parût il se comporta en vaillant parmi les plus vaillants. Son panache ne fut pas toujours au chemin de la victoire ; il fut toujours à celui de l'honneur et du courage. A la Roche-Derrien, il tomba noyé dans le sang qui s'échappait de dix-sept blessures. A Auray, on le trouva au milieu d'un monceau d'ennemis auxquels il avait fait payer sa vie.

Et voilà la guerre ; et voilà le soldat ; et voilà la leçon !

La guerre est exécrable. Le soldat est sublime.

Le corps de Charles au lendemain d'Auray fut porté à Guingamp.

Sa veuve, Jeanne de Penthièvre, se renferma dans la vieille cité pour y vivre sa rude et fière vie de veuve chrétienne. Vingt ans elle demeura cloîtrée entre les murailles où elle se tenait volontairement confinée. Une fois pourtant elle en sortit.

Le roi de France prétendait confisquer le duché de Bretagne et le réunir à son domaine. Jean IV de Montfort devenait du coup le champion de l'indépendance nationale.

Jeanne de Penthièvre n'hésita pas.

« Étouffant ses ressentiments immortels et ses saignantes douleurs », elle alla saluer le vainqueur d'Auray et mettre à ses pieds son influence, son or, ses hommes.

Du haut du ciel, Charles de Blois, le soldat du droit et de la justice, l'homme fort et modéré dut sourire : sa femme était bien la moitié de lui-même.

Et maintenant finissons... Finir comment, pour ne point sortir des idées que nous venons de développer? Finissons par un remerciment mérité, une constatation encourageante, un ardent souhait.

Le remerciment mérité s'adressera à vous, Monseigneur l'évêque de Blois, qui nous avez retrouvé un saint; à vous, Monseigneur l'archevêque de Tours, à vous, Messeigneurs les évêques de Quimper, d'Angers, de Nantes, qui êtes venu de si loin l'honorer. En retour de cet acte de piété, que Charles vous obtienne les grâces que vous souhaitez pour vos diocèses, si heureux et si fiers de marcher sous des chefs tels que vous.

La constatation encourageante sera celle-ci : Nous nous plaignons souvent, trop souvent du temps où nous vivons. Certainement il n'est pas l'âge d'or. Que de fois nous nous sentons las, sinon lâches en face des fardeaux qu'il nous impose. Eh bien, songeons au passé; a ce passé que je viens de vous faire toucher. Peut-être par comparaison trouverons-nous notre part relativement bonne, et cette pensée nous remontera.

Enfin, je ne sais si jamais la Patrie et le drapeau nous appelleront à leur défense. Je ne le souhaite point. Cependant supposez que ces heures terribles dussent recommencer, non! ce ne sont pas les catholiques qui manqueraient au drapeau et à la Patrie.

Pour les conduire à leur poste ils auraient et les dictées de leurs consciences, et les exemples de leurs Saints!

Tours. — Imp. Deslis Frères, 6, rue Gambetta.

Vient de paraître :

Mᵍʳ TOUCHET

ÉVÊQUE D'ORLÉANS

CE QUE FUT JEANNE D'ARC

Certaines circonstances de l'heure présente semblent me mettre en demeure d'écrire une vie brève de Jeanne d'Arc.

Je n'interviendrai en aucune polémique : je me bornerai à dire avec rapidité, précision, principalement en notant les dates, quelle fut la sainte et héroïque jeune fille dont j'étudie la vie depuis dix ans.

† STANISLAS, *Évêque d'Orléans.*

In-8 écu, orné de quatre gravures.......................... 1 »

LA SÉPARATION

LETTRE OUVERTE

A MM. LES SÉNATEURS DU LOIRET

In-12 .... 0 25

PARIS (VI°)
Librairie de P. LETHIELLEUX, Éditeur
23, rue Cassette, 23

Mgr TOUCHET
ÉVÊQUE D'ORLÉANS

LE BIENHEUREUX
CHARLES DE BLOIS
DISCOURS
PRONONCÉ DANS LA CATHÉDRALE DE BLOIS LE 19 OCTOBRE 1905

In-12.. 0 50

Mgr TOUCHET
ÉVÊQUE D'ORLÉANS

LE CONNÉTABLE
ARTHUR DE RICHEMONT
ÉLOGE
PRONONCÉ DANS LA CATHÉDRALE DE VANNES EN LA SOLENNITÉ
DE L'ÉRECTION DE SA STATUE

In-12.. 0 50

Mgr TOUCHET
ÉVÊQUE D'ORLÉANS

L'ACTION DE L'ÉGLISE
SUR
L'ÉVOLUTION SOCIALE
DISCOURS
PRONONCÉ LE LUNDI 31 JUILLET 1903 EN LA SÉANCE D'OUVERTURE
DE LA SEMAINE SOCIALE D'ORLÉANS

In-12.. 0 50